③ 괴짜 과학 따라잡기

게임북

놀라운 상상력을 지닌 꼬마 과학자
_____ 의 책입니다.

사파리

괴짜 과학 100배 즐기기

프래니의 괴짜 과학을 따라잡기에 앞서
몇 가지 준비물을 미리 챙겨 두면 더욱 좋아요.

✂️ 가위와 풀

가위와 풀을 미리 준비해 두면, 더 쉽게 자르고 오리고 붙이며 놀 수 있어요.

🖍️ 크레파스나 색연필

색연필이나 사인펜, 크레파스, 물감 등 여러분이 좋아하는 미술 재료를 준비해 마음껏 그림도 그려 보아요.

📚 프래니 시리즈

《엽기 과학자 프래니》 시리즈를 옆에 놓고 책을 찾아보면서 답을 적는 것도 좋은 방법이지요.

😊 부모님이나 친구의 도움

여러분이 하기 어려운 세밀한 작업은 부모님의 도움을 받으면 좋을 거예요. 또 실험을 함께할 친구도 찾아보아요!

😄 유머 감각

난센스 퀴즈를 풀기 위해서는 재치와 유머가 필요해요! 여러분의 유머 감각을 최대한 동원해 보아요.

더 재미있게 해 보아요.

★ 판박이 스티커 붙이기

박쥐나 거미, 뱀, 괴물 등이 있는 무시무시한 판박이 스티커를 늘 갖고 다니는 공책, 필통 등에 붙여 으스스하게 꾸며 보아요.

프래니의 괴짜 발명품들

자동 조절 가위
미용실에 갈 필요가 없어요!

고슴도치 팬티
그나저나 바지는 어떻게 입지?

프래니 독서왕 퀴즈 1

엽기 과학자 프래니 시리즈 제1권 《거대한 도시락 괴물》에 대해
얼마나 알고 있는지 알아보아요.

1. 프래니네 가족이 사는 집은 무슨 색일까요?
2. 창에 달린 덧문은 무슨 색일까요?
3. 프래니네 집 위층의 창문은 무슨 모양일까요?
4. 프래니가 '익룡 날개를 단 생쥐' 처럼 생겼다고 말한 것은 무엇일까요?
5. 프래니가 만든 변신 인형 1호와 2호의 이름은 무엇일까요?
6. 프래니네 담임선생님의 성함은 무엇일까요?
7. 호박 소스를 바른 게살 만두와 껌, 헌 운동화, 공업용 쓰레기가 섞여 탄생한 괴물의 이름은?
8. 샌드위치에 들어 있는 햄과 소시지를 이어 붙여 만든 괴물의 이름은?
9. 셀리 선생님이 깃대에서 떨어졌는데도 다치지 않은 이유는 무엇인가요?
10. 햄 괴물은 왜 계속 학교에 남아 있게 되었나요?

정답은 64쪽에 있어요.

다른 그림 찾기 1

정답은 64쪽에 있어요.

아래 두 그림을 자세히 살펴보면, 9군데가 달라요.
다른 부분을 찾아 동그라미로 표시해 보아요.

내 마음대로 이야기 만들기 1

아래 이야기를 읽고, 여러분이 작가가 되어
그 뒷이야기를 오른쪽에 써 보아요.

"얼마 전에 프래니네 가족은 수선화길 끝에 있는 집으로 이사를 왔어요. 그래서 학교도 새로 옮겼지요. 프래니는 새 담임선생님인 셀리 선생님이 좋았어요. 같은 반 친구들도 마음에 들었고요. 하지만……."

반 친구들에게 무슨 문제가 있는 걸까요?
반 친구들이 프래니를 싫어하나요?
친구들 가운데 늑대인간이 있나요?
친구들 가운데 참치 통조림 냄새가 나는 아이가 있나요?

마음껏 상상력을 발휘해서 여러분만의 흥미진진한 이야기를 써 보아요!

제목:

괴물 난센스 퀴즈 1

★ 프랑켄슈타인이 자꾸 실수를 한 까닭은?

★ 괴물들의 가장 큰 명절은?

★ 도깨비들이 물건을 사는 곳은?

★ 괴물이 손톱을 물어 뜯지 않게 하는 방법은?

★ 아기 괴물이 부모 괴물을 부를 때 호칭은?

정답은 64쪽에 있어요.

이야기를 완성하라 1

프래니가 자기 방에 대해 이야기하는 중이에요.
프래니 실험실을 떠올리며 빈칸에 들어갈 말을 채워 보아요.

내 방 침실은 정말 _____ 곳이야. 방에는

김이 모락모락 나는 _____(이)가 있는데

아주 _____ 냄새가 나지. 또 _____색

거품이 나는 _____도 있어. 게다가 우지직

소리가 나는 _____도 있다니까. 모두

내가 _____에 쓰려고 만든 것들이지.

엽기 간식 만들기 1

'끔찍한 손' 팝콘을 만들어 보아요!

🖍 **프래니 노트**
핼러윈 파티나 공포 영화를 볼 때 먹으면 그만인 간식이야!

🔍 **준비물**
팝콘,
버터(좋아하면 넣어요!),
빨간색 식용색소,
콩 모양의 젤리,
깨끗한 일회용 비닐장갑,
손수건이나 리본

부모님이 도와주세요.

▶ **이렇게 해 보아요.**

식은 팝콘 위에 버터를 올려요. 버터가 완전히 녹을 수 있도록 전자레인지에 돌려요. 녹은 버터 위에 피가 묻은 것처럼 보이게 빨간 식용색소를 뿌려요. 이렇게만 해도 멋진 간식이 완성되지요!

만약 더 엽기적인 간식을 원한다면……,

콩 모양 젤리를 일회용 비닐장갑의 손가락 부분에 손톱처럼 보이게 달아요. 그런 다음, 장갑에 빨갛게 물든 팝콘을 채우고 장갑 입구를 손수건이나 리본으로 묶어요.

자, 이제 엽기적인 간식을 즐겨 볼까요? 더 괴상한 방법을 알고 있다면 망설이지 말고 한번 해 보아요!

사랑스런 박쥐 찾기

프래니가 안고 있는 박쥐와 똑같이 생긴 박쥐를 찾아 동그라미로 표시해 보아요.

정답은 64쪽에 있어요.

엽기 과학 실험 1교시

프래니의 비밀 공식들이 새어 나가지 않게
보호하려면 투명 잉크를 만들어야 해요.

준비물

베이킹소다 1/4컵(60ml),
물 1/4컵(60ml), 흰 종이,
면봉이나 이쑤시개 또는 페인트 붓,
포도 주스나 색깔이 어두운 주스

부모님이 도와주세요.

이렇게 해 보아요.

베이킹소다와 물을 잘 섞어요. 섞은 액체를 면봉이나 이쑤시개 또는 페인트 붓에 묻혀 준비해 놓은 흰 종이에 편지를 써 보아요. 종이가 다 마르면 비밀문서 완성! 이제 다시 깨끗한 면봉이나 페인트 붓으로 비밀문서 위에 포도 주스를 발라 보아요. 그러면 보이지 않던 글씨가 선명하게 나타날 거예요!

프래니 노트

포도 주스가 바닥에 떨어지지 않도록 조심해야 해! 엄마한테 혼날지도 모르니까. 특히 실험할 땐 흰색 테이블보나 양탄자는 피하는 게 좋아. 잘못하면 포도 주스가 튀어 얼룩이 생기거든.

프래니에 대한 진실

각 숫자에 해당하는 글자를 넣어 문장을 완성해 보아요.

프래니 케이 스타인은 결코 평범한 소녀가 아니에요. 프래니는 _____ _____ _____ _____ _____ 랍니다.
7, 2, 6   5, 4   5, 3   9, 1, 5   8, 1

ㅏ	ㅕ	ㅘ	ㅣ	ㄱ	ㅂ	ㅇ	ㅈ	ㅎ
1	2	3	4	5	6	7	8	9

정답은 64쪽에 있어요.

머리가 좋아지는 난센스 퀴즈

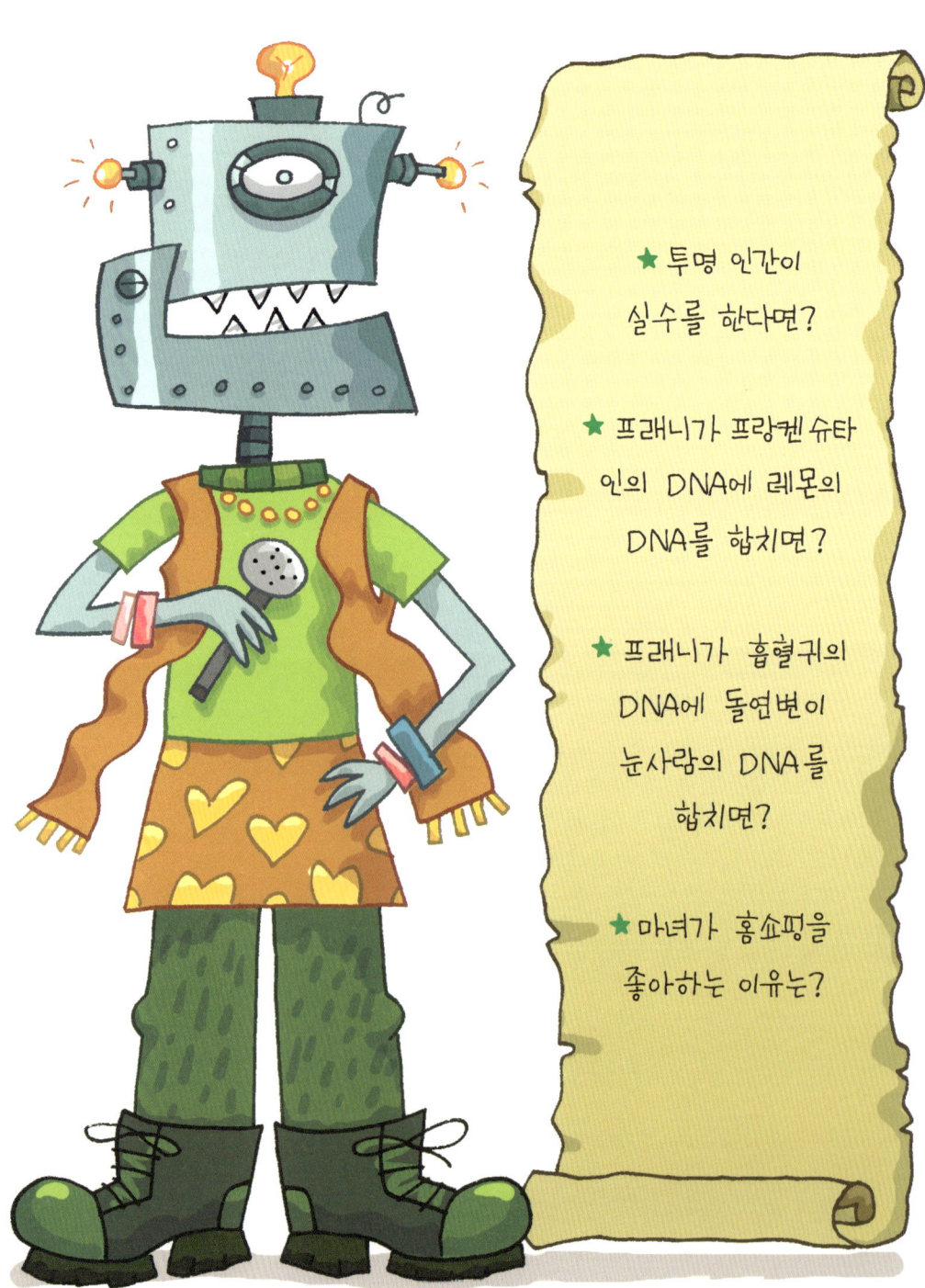

★ 투명 인간이 실수를 한다면?

★ 프래니가 프랑켄슈타인의 DNA에 레몬의 DNA를 합치면?

★ 프래니가 흡혈귀의 DNA에 돌연변이 눈사람의 DNA를 합치면?

★ 마녀가 홈쇼핑을 좋아하는 이유는?

정답은 64쪽에 있어요.

프래니 독서왕 퀴즈 2

엽기 과학자 프래니 시리즈의 제2권 《거인 큐피드의 공격》에 대한
상식을 알아보아요.

1. 프래니 발명품 가운데 여행을 떠난 갓난아기에게 필요한 휴대품은 무엇일까요?
   ① 미니 젖소   ② 짜잔   ③ 뼁이오   ④ 바나나

2. 퍼시는 콘칩 위에 어떤 소스를 발라먹길 좋아할까요?
   ① 매콤한 소스   ② 케첩   ③ 치즈   ④ 립스틱

3. 이고르는 누구일까요?
   ① 프래니의 담임선생님   ② 프래니의 동생
   ③ 프래니의 연구실 조수   ④ 말썽꾸러기 학교 친구

4. 프래니가 밸런타인데이를 위해 만든 발명품은 무엇일까요?
   ① 밸런타인데이 카드 문구 제작기   ② 엄청나게 큰 큐피드
   ③ 짜잔   ④ 우적우적

5. 큐피드와 싸울 때 프래니는 어떻게 버스를 탔나요?
   ① 교통카드를 찍고   ② 스케이트보드를 타는 것처럼
   ③ 사랑에 빠진 사람처럼   ④ 두 다리를 한쪽으로 모은 채

6. 밸런타인데이에 프래니는 학교 친구들에게 무엇을 주었나요?
   ① 거대한 카드   ② 거대한 큐피드
   ③ 초콜릿이 덮인 거대한 알사탕   ④ 감기

정답은 65쪽에 있어요.

다른 그림 찾기 2

아래 두 그림을 자세히 살펴보면 8군데가 달라요.
다른 부분을 찾아 동그라미로 표시해 보아요.

정답은 65쪽에 있어요.

내 마음대로 이야기 만들기 2

아래 이야기를 읽고 여러분이 작가가 되어
그 뒷이야기를 오른쪽에 써 보아요.

"프래니가 잠자리에 들자 이고르도 눈을 붙이려 애를 썼어요. 하지만 도무지 아무런 도움도 되지 못하는 제 신세가 딱하기만 했어요. 이고르는 방 안을 돌아다니며 프래니가 만들고 있는 놀라운 실험 장치들을 둘러보았어요. 절대 만지면 안 된다는 생각을 하면서요. 이고르가 실험 장치를 보며 건드릴 엄두도 못 내고 있을 때, 문득……."

이고르가 실험실에서 무슨 일을 저질렀을까요?

실험 장치를 엉망으로 만들었을까요?
프래니가 만든 발명품을 작동해 보았을까요?
프래니의 신발을 물어뜯었을까요?
프래니의 학교 숙제를 먹었을까요?

상상력을 마음껏 발휘해서 여러분만의 흥미진진한 이야기를 써 보아요!

제목:

괴짜 친구들

똑똑!
－누구세요?
나야, 썸핑!
－썸핑이 누군데?
네 다리 위를
슬금슬금 기어
다니는 녀석이지!

똑똑!
－누구세요?
나야, 데즈먼드!
－데즈먼드가 누군데?
네 피를 쪽쪽
빨아먹는 흡혈귀지!

똑똑!
－누구세요?
나야, 좀비!
－좀비가 누군데?
죽었다가 다시
살아난 괴물이지!

똑똑!
－누구세요?
나야, 이바나!
－이바나가 누군데?
끔찍한 물건 뒤에
숨어 사는 친구지!

이야기를 완성하라 2

상상력을 발휘하여 프래니가 생각하는 이야기의 빈칸을 채워 보아요.

그 뒤, _____(은)는 책상에 앉아 _____에 대해 연구하기 시작했어. "난 _____(이)가 더 _____ 할 수 있게 할 거야. 어디 두고 봐." _____(이)가 _____ 하며 말했어요. "세상 사람들을 위해 작동하는 _____(을)를 만들 거야. 그럼 수많은 _____(을)를 _____ 할 수 있을 거야."

엽기 간식 만들기 2

맛은 기가 막히지만, 모양은 끔찍한 푸딩을 만들어 보아요!

 **준비물**
벌레 모양 젤리, 푸딩,
좋아하는 과자, 새싹 채소

부모님이 도와주세요.

이렇게 해 보아요.

그릇에 푸딩을 부어요. 새싹 채소를 푸딩에 넣어 풀잎처럼 보이게 해요. 벌레 모양 젤리를 올려서 마치 벌레가 새로운 집에 온 것처럼 장식해 보아요. 그리고 여러분이 좋아하는 과자를 잘게 부순 다음 최대한 지저분해 보이도록 과자 조각을 흩뿌려요.

프래니 노트
'지저분한 곤충 표본', '그릇에 담긴 벌레 요리' 등 간식에 그럴듯한 이름을 지어 주면 더 실감 날 거야.

게호박 괴물 그림자 찾기

게호박 괴물과 똑같은 그림자를 찾아 동그라미로 표시해 보아요.

정답은 65쪽에 있어요.

엽기 과학 실험 2교시

끈적끈적한 재료를 만들 시간이에요!

🔍 준비물

옥수수 녹말 1컵, 물 1컵,
식용색소 또는 그림물감, 볼이 넓은 그릇 1개

부모님이 도와주세요.

▶ 이렇게 해 보아요.

볼이 넓은 그릇에 옥수수 녹말과 물 그리고 식용색소나 그림물감을 넣고 잘 섞어요.

옥수수 녹말과 물의 양을 다르게 해서 더 넣어 보아요. 점점 달라지는 촉감을 느낄 수 있어요!

✏ 프래니 노트

뚜껑 있는 그릇에 담아 냉장고에 보관해 줘! 그래야 끈적끈적함이 오래가거든. 시간이 지날수록 점점 더 끈적해진단다. 단, 식용색소와 물감 얼룩이 남을 수 있으니까, 꼭 부모님이 허락한 그릇만 써야 돼!

새로운 단어 만들기

다음 문장에 쓰인 글자들을 사용해 새로운 단어를 만들어 보아요.
과연 얼마나 많은 단어를 만들어 낼 수 있을까요?

변신에 성공한 엽기 과학자는 괴상한 음식을 만들었어요.

정답은 65쪽에 있어요.

머리가 아파지는 난센스 퀴즈

머리가 아파지는 문제예요.
하지만 정답을 맞히면 기분이 좋아질 거예요.

★ 위로 올라가기만 하고 절대 내려오지 않는 것은?
★ 당신이 주인이지만 다른 사람들이 더 자주 사용하는 것은?
★ 문제가 많은데도 계속 써야 하는 것은?

정답은 65쪽에 있어요.

프래니 독서왕 퀴즈 3

엽기 과학자 프래니 시리즈의 제3권 《투명 인간이 된 프래니》에 대한
상식을 알아보는 문제예요.

1. 프래니가 만든 눈알 뽑는 기계는 무엇에 사용하나요?
2. 프래니는 에린이 춤을 잘 출 수 있도록 어떤 방법을 가르쳐 주었나요?
3. 로렌스는 어떤 악기로 연주했나요?
4. 프래니는 취미를 발표하는 시간에 무엇을 가져갔나요?
5. 투명 인간이 되기 위해 필요한 재료 3가지는 무엇일까요?
6. 현미경처럼 생긴 기구는 어디에 사용하는 물건일까요?
7. 로봇의 왼쪽 머리와 오른쪽 머리의 이름은 무엇일까요?
8. 필은 프래니를 구하기 위해 머리가 두 개 달린 로봇에게 어떻게 했나요?

정답은 65쪽에 있어요.

다른 그림 찾기 3

아래 두 그림을 자세히 살펴보면 9군데가 달라요.
다른 부분을 찾아 동그라미로 표시해 보아요.

정답은 66쪽에 있어요.

내 마음대로 이야기 만들기 3

아래 이야기를 읽고 여러분이 작가가 되어
그 뒷이야기를 오른쪽에 써 보아요.

프래니는 뾰로롱을 팔에 감고 단추를 눌렀어요.
"행운을 빌어 줘."
번쩍하는 불빛과 함께 펑 소리가 나고, 한 줄기 연기가 피어오르더니……

프래니는 어디로 갔을까요?
어느 시대의 어떤 장소로 갔을까요?
그곳에 공룡이 살고 있을까요?
아니면 사람들이 하늘을 나는 자동차를 타고 있을까요?

마음껏 상상력을 발휘해서 여러분만의 흥미진진한 이야기를 써 보아요!

제목:

괴물 난센스 퀴즈 2

★ 괴물들이 눈사람을 보고 한 말은?
★ 아기 괴물들이 팝콘을 몽땅 먹어 치웠을 때 벌어지는 일은?
★ 괴물들이 좋아하는 콩은?
★ 감자튀김을 먹던 흡혈귀가 너를 쳐다본 까닭은?

정답은 66쪽에 있어요.

이야기를 완성하라 3

상상력을 발휘해 아래 이야기의 빈칸을 채워 보아요.

우리 선생님에 대해 이야기해 볼까?

선생님은 평소에는 _____ 같은 분이지만,

_____ 때는 목소리가 _____ 처럼 변하고

얼굴이 _____ 색 _____ 처럼 바뀌어 버리지.

나는 그런 선생님에게 _____ (이)라는 별명을 붙여

주었어. 얼마 전에 선생님이 내 준 숙제는 정말 _____ 했어.

_____ 에 대해 _____ (을)를

해 보라는 숙제였는데, 잘한 사람에게는 상으로

_____ (을)를

_____ (하)게

한다지 뭐야!

엽기 간식 만들기 3

'깜짝 놀랄 만한 음료수'를 만들어 보아요.
지금껏 맛보지 못한 새로운 과일 맛 주스를 만들 거예요!

준비물
씨를 뺀 청포도,
건포도 8개,
과일 주스 6컵,
탄산음료 2컵,
오렌지 6조각,
(선택 사항)
녹색 식용색소,
물, 일회용 장갑

부모님이 도와주세요.

프래니 노트
용기 있는 사람만이 마실 수 있어!

이렇게 해 보아요.

청포도 속을 벌려 그 안에 건포도를 넣어요. 포도 알이 꼭 눈알처럼 보일 거예요. 포도 알을 밤새도록 차갑게 얼려요. 다음 날 주스, 탄산음료, 오렌지와 함께 음료 그릇에 담아 섞어요. 그런 다음, 음료수에 얼린 포도 알을 둥둥 띄우면, 마치 눈알이 떠다니는 것처럼 보이겠죠!

더 으스스하게 만들고 싶다고요? 그럼 일회용 장갑에 녹색 식용색소를 섞은 물을 넣어요. 밤새 꽁꽁 얼린 다음, 손가락 얼음만 두고 장갑을 떼어 내요. 눈알이 뜬 것처럼 보이는 음료수 그릇에 얼린 손가락도 띄워요! 깜짝 놀랄 만하겠죠!

똑같은 오징어를 찾아라!

프래니가 깔고 앉은 오징어와 똑같이 생긴
오징어 두 마리를 찾아 동그라미로 표시해요.

1.

2.

3.

4.

5.

6.

정답은 66쪽에 있어요.

프래니에 대한 진실

각 숫자에 해당하는 글자를 찾아 비밀 문장을 완성해 보아요.

프래니 케이 스타인이 가장 좋아하는 일은?

_____   _____
　　1, 3, 4　　　　　　6, 8, 9

ㅅ	ㅇ	ㅣ	ㄹ	ㅏ	ㅎ	ㅍ	ㅓ	ㅁ
1	2	3	4	5	6	7	8	9

정답은 66쪽에 있어요.

단어를 찾아라 1

다음 단어들을 아래 글자 퍼즐에서 찾아 동그라미로 표시해 보아요.
글자는 가로, 세로, 대각선 방향으로 찾아보아요.

뇌 증폭기   타임머신 뽀로롱   괴물
뺑이오   기계   발톱 무좀 통역기
치즈   짜잔   로봇

괴	물	몰	라	요	싸	타	표	배	통	찌	잔	장
표	괘	말	싸	차	폴	땅	임	줌	과	표	왕	풀
짱	랑	움	로	움	깎	항	맴	머	잔	임	자	공
강	봉	움	봇	캅	할	미	돌	까	신	임	마	깡
뢰	종	퐁	해	퓰	각	모	줌	영	캉	뽀	양	고
뭉	타	퐁	사	방	랄	지	해	달	택	앙	로	선
큐	팡	트	룸	발	톱	무	좀	통	역	기	지	롱
뢰	종	퐁	해	퓰	각	모	줌	영	캉	영	양	고
뇌	증	폭	기	가	조	보	괴	믈	끈	앗	네	이
장	발	터	계	이	빵	조	표	당	밥	사	짱	가
총	명	화	시	국	뺑	숙	왕	뇌	자	파	미	치
짜	자	쑥	눈	즐	이	훈	따	사	앗	워	치	조
잔	라	랄	미	죤	오	세	쟁	역	않	멈	항	즈

정답은 66쪽에 있어요.

머리가 좋아지는 난센스 퀴즈

여러분이 이 문제들의 정답을 맞힌다면,
아마 만만치 않은 개구쟁이일 거예요!

★ 하늘과 바다 한가운데 있는 것은?
★ 숫자 6이 숫자 8을 무서워 하는 까닭은?
★ 아픔의 시작이면서도 병의 끝은?
★ 별 가운데 가장 슬픈 별은?

정답은 66쪽에 있어요.

프래니 독서왕 퀴즈 4

엽기 과학자 프래니 시리즈의 제4권 《타임머신 타고 시간 여행》에 대한 상식을 알아보아요.

1. 프래니는 이고르와 즐겁게 산책하기 위해 무엇을 발명했나요?

    ① 무중력 개 먹이   ② 똥 치우는 스쿠터
    ③ 뼈로 된 전화기   ④ 걸어 다니는 로봇 개

2. 프래니는 야채를 싫어하는 아이들을 위해 무엇을 개발했나요?

    ① 초콜릿 브로콜리   ② 자기들끼리 서로 잡아먹는 브로콜리
    ③ 무중력 브로콜리   ④ 브로콜리 먹는 개

3. 프래니가 말만 하면 언제든 치즈 덩어리를 쏘도록 만든 기계는 무엇일까요?

    ① 치즈 확장기   ② 치즈 제조기   ③ 치즈 대포   ④ 치즈 폭포

4. 프래니의 동생 이름은 무엇일까요?

    ① 프레디   ② 로렌스   ③ 필   ④ 퍼시

5. 과거로 여행을 떠난 프래니는 중간 이름을 무엇으로 바꾸었나요?

    ① 키스키스   ② 킹콩   ③ 콰르릉   ④ 쿠푸

6. 미래에서 청소년이 된 프래니는 세계를 멸망시키기 위해 어떤 기계를 발명했나요?

    ① 괴물 생산기   ② 괴물 재현기   ③ 괴물 계산기   ④ 괴물 트럭

정답은 67쪽에 있어요.

다른 그림 찾기 4

아래 두 그림을 자세히 살펴보면 10군데가 달라요.
다른 부분을 찾아 동그라미로 표시해 보아요.

정답은 67쪽에 있어요.

내 마음대로 이야기 만들기 4

아래 이야기를 읽고 여러분이 작가가 되어
그 뒷이야기를 오른쪽에 써 보아요.

"눈에 안 보이면 때리지도 못하겠지."
프래니는 애써 밝은 목소리로 말하곤, 다시 투명 인간으로 변하는 약을 먹었어요. 그리고 이내 친구들 앞에서 모습을 감추었는데……

그 다음에는 무슨 일이 벌어졌을까요?
누가 무슨 이유로 프래니를 때리려고 하는 것일까요?
프래니는 투명 인간에서 자신의 모습으로 돌아왔을까요?

마음껏 상상력을 발휘해서 여러분만의 흥미진진한 이야기를 써 보아요!

제목:

머리가 아파지는 난센스 퀴즈

아래 문제를 풀어 보아요. 정답을 맞히지 못하면 두고두고 후회할 거예요!

★ 똑바로 읽으면 무섭고, 거꾸로 읽으면 전혀 무섭지 않은 것은?
★ 키울수록 점점 커지지만 물을 주면 바로 죽는 것은?
★ 단어를 입 밖에 내뱉는 순간, 바로 의미가 사라지는 것은?
★ 금요일이 목요일 전에 오는 곳은?

정답은 67쪽에 있어요.

이야기를 완성하라 4

상상력을 발휘해 아래 이야기의 빈칸을 채워 보아요.

눈이 _____만큼 크고, 손가락이 _____처럼 생긴 무시무시한 괴물은 _____에서 _____(을)를 뽑으려고 애썼어. 그게 잘 되지 않자 괴물은 청소함에서 _____(을)를 가져와, 내가 아끼는 _____ 위에 올려놓고 _____ 하기 시작했지. 결국 내가 아끼는 _____(은)는 _____ 꼴이 되고 말았어. 그때 갑자기 천장에서 _____(이)가 쿵 하는 소리와 함께 떨어지자, 놀란 괴물의 _____에서 _____(이)가 나오기 시작했지. 정말 _____ 광경이었어!

엽기 과학 실험 3교시

부글부글 끓어오르는 거품을 만들어 보아요!

재료
깨끗한 컵, 물, 식물성 기름, 소금

부모님이 도와주세요.

만드는 방법
깨끗한 컵에 물을 반 정도 채워요. 그 위에 기름을 2센티미터쯤 부은 다음 소금을 넣어요. 기름에서 거품이 부글부글 일어나기 시작할 거예요! 소금이 물에 녹으면 기름이 다시 수면 위로 두둥실 떠오른답니다.

프래니 노트
소금이 물에는 녹지만 기름에는 녹지 않는 성질을 이용한 실험이야.

괴물 우체부를 찾아라

괴물 우체부와 똑같은 그림자를 찾아 동그라미로 표시해 보아요.

1.
2.
3.
4.
5.
6.

정답은 67쪽에 있어요.

단어를 찾아라 2

아래 단어를 상자 속에서 찾아 동그라미로 표시해 보아요.
글자는 가로, 세로, 대각선 방향으로 찾아보아요.

외계인   외눈박이 거인   좀비
유령   흡혈귀   도깨비
이무기   늑대인간   프랑켄슈타인

하	장	임	민	흡	무	덤	나	무	오	외	기	오
강	품	병	송	홀	혈	귀	신	악	게	땅	계	일
유	진	강	박	할	헐	귀	났	으	인	이	오	인
령	랑	동	창	귀	롱	총	싱	당	차	리	아	프
오	빠	비	희	팡	프	컹	포	차	빵	차	항	래
앙	이	강	호	프	랑	켄	슈	타	인	지	리	즘
도	무	빵	호	풍	겐	자	송	면	온	끈	박	좀
팡	기	차	외	논	타	랑	빨	장	칙	짓	존	비
깨	랑	오	이	눈	임	차	랑	짱	폭	말	비	쓰
엠	놀	비	냉	증	박	오	가	인	녹	깡	충	차
까	려	치	차	짜	현	이	구	선	깽	즙	성	강
짜	도	깨	비	낑	쑥	차	거	쫌	늑	대	인	간
기	표	심	보	옹	기	이	쟁	인	오	자	깡	잉

정답은 67쪽에 있어요.

원숭이 그림자를 찾아라

프래니가 들고 있는 원숭이와 똑같은
그림자 두 개를 찾아 동그라미로 표시해 보아요.

1.   2.   3.
4.   5.   6.

정답은 67쪽에 있어요.

뒤죽박죽 괴물 만들기

 다음 순서에 따라 여러 가지 모양이 뒤섞인 나만의 괴물을 만들어 보아요!

1. 괴물 그림이 있는 쪽 뒷면에 괴물의 머리와 몸통과 다리를 서로 다르게 그려요.

2. 점선을 따라 종이를 오린 다음 책에서 떼어 내요.

3. 앞뒤에 그려진 그림을 서로 짝지어 다양한 괴물을 만들어 보아요.

나만의 괴물 이름 짓기

A에서 D까지 적힌 단어 가운데 마음에 드는 단어를
하나씩 골라, 여러분만의 괴물 이름을 만들어 보아요.

A	B	C	D
건들건들한	사람을 잡아먹는	외계인	킬러
악마 같은	불을 내뿜는	진흙	뱀
불길한	다리가 여섯 개인	도시락	생물
섬뜩한	독을 품은	에너지	괴물
해로운	뿔이 달린	로봇	곤충

_____   _____   _____   _____
   A   B   C   D

로봇 괴물 모여라!

프래니가 만든 로봇 괴물에 대해 알아볼까요?

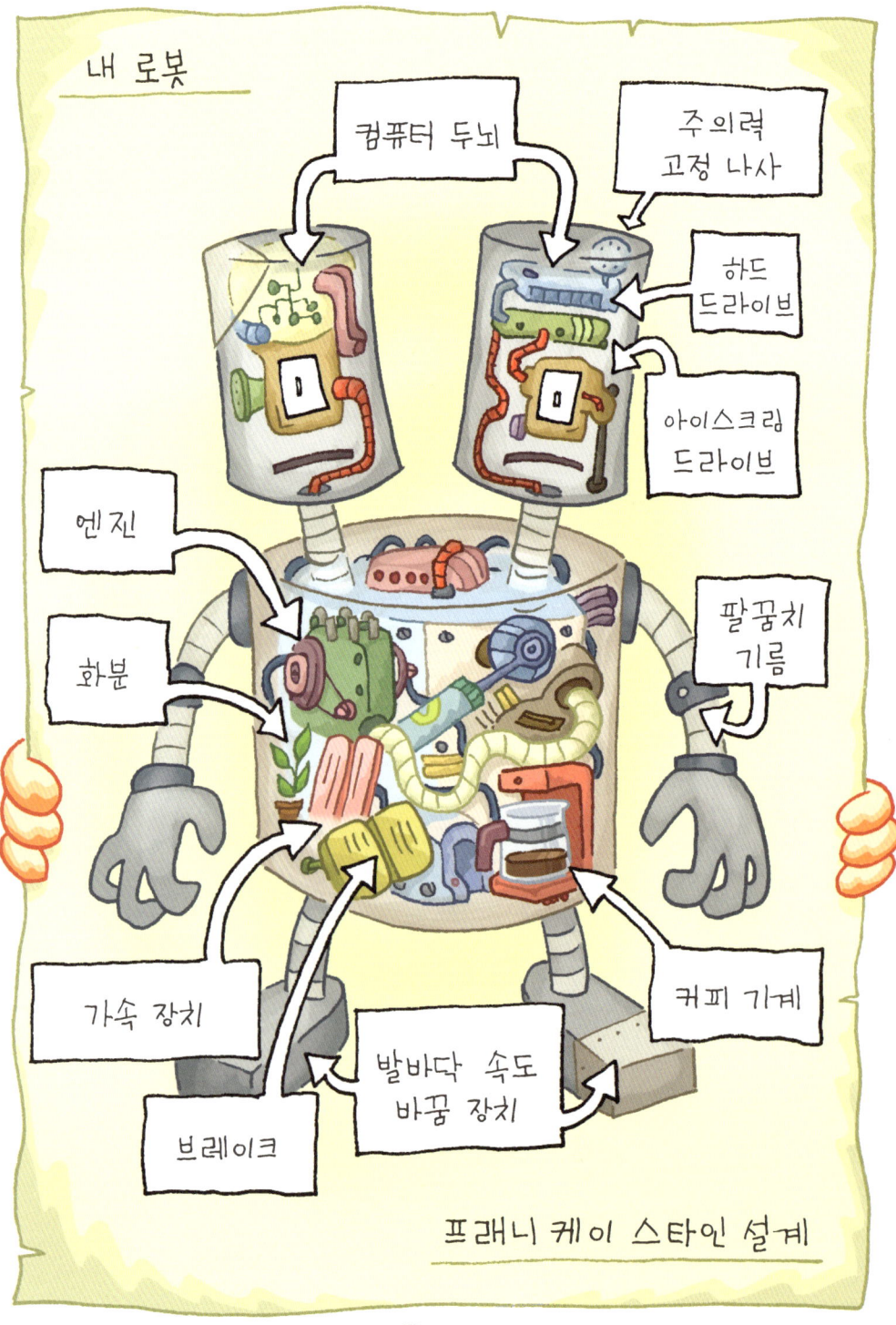

이제 여러분이 상상해서 만든 로봇 괴물을 그려 보아요.

내가 만든 로봇

설계

정답을 알아보아요

7쪽

1. 분홍색
2. 자주색
3. 조그맣고 둥근 모양
4. 박쥐
5. 우적우적과 줄줄이
6. 셀리
7. 게호박 괴물
8. 햄 괴물
9. 아이들에게 빵 더미를 깃대 아래에 쌓게 했어요.
10. 교장 선생님이 학교 일거리를 맡겼어요.

8, 9쪽

12쪽

프랑켄슈타인이 자꾸 실수를 한 까닭은?
- 나사가 풀려서.

괴물들의 가장 큰 명절은?
- 핼러윈 데이

도깨비들이 물건을 사는 곳은?
- 도깨비 시장

괴물이 손톱을 물어뜯지 않게 하는 방법은?
- 펜치를 준다.

아기 괴물이 부모 괴물을 부를 때 호칭은?
- 엄마, 아빠

15쪽

5번

17쪽

엽기 과학자

18쪽

투명 인간이 실수를 한다면?
- 봐줄 수가 없겠지!

프래니가 프랑켄슈타인의 DNA에 레몬의 DNA를 합치면?
- 프랑켄슈타인의 입에 침이 가득 고이겠지.

프래니가 흡혈귀의 DNA에 돌연변이 눈사람의 DNA를 합치면?
- 흡혈귀가 동상에 걸려 앓아눕고 말겠지.

마녀가 홈쇼핑을 좋아하는 이유는?
- 주문을 할 수 있으니까.

19쪽

1.① 2.② 3.③
4.① 5.② 6.③

20, 21쪽

27쪽

6번

29쪽

변성기, 과자, 기자, 신학, 변기, 학식, 공식, 괴성, 음성 등이 있답니다. 훨씬 더 많은 단어를 만들 수 있으니, 더 찾아 보아요!

30쪽

위로 올라가기만 하고 절대 내려오지 않는 것은?
– 나이
당신이 주인이지만 다른 사람들이 더 자주 사용하는 것은?
– 이름
문제가 많은데도 계속 사용하는 것은?
– 시험지

31쪽

1. 이런! 눈알 뽑는 기계라고 이미 말해 버렸네요.
2. 신발에 돌연변이 캥거루 DNA를 넣으라고 했어요.
3. 아코디언
4. 머리가 두 개인 로봇
5. 투명한 셀로판 성분, 카멜레온 디엔에이(DNA), 사라지는 잉크
6. 물체를 잘 안 보이게 하거나, 알아보기 힘들게 만들어 주는 기구
7. 바보와 멍청이
8. 로봇 눈에 우표를 붙였어요.

32, 33쪽

36쪽

괴물들이 눈사람을 보고 한 말은?
- 겨울철 별미

아기 괴물들이 팝콘을 몽땅 먹어 치웠을 때 벌어지는 일은?
- 손가락이 끈적끈적해지겠지!

괴물들이 좋아하는 콩은?
- 킹콩

흡혈귀는 감자튀김을 먹다가 너를 쳐다본 까닭은?
- 케첩이 모자라서.

39쪽

4번과 6번

40쪽

실험

41쪽

괴	물	몰	라	요	싸	타	표	배	통	찌	잔	장
표	괘	말	싸	차	폴	땅	임	줌	과	표	왕	풀
짱	랑	움	로	움	깎	항	맴	머	잔	임	자	공
강	봉	움	봇	캅	할	미	돌	까	신	임	마	깡
뢰	종	풍	해	퓰	갹	모	줌	영	캉	뽀	양	고
뭉	타	퐁	사	방	랄	지	해	달	택	양	로	선
큐	팡	트	룸	발	톱	무	좀	통	역	기	지	롱
뢰	종	퐁	해	퓰	갹	모	줌	영	캉	영	양	고
뇌	증	폭	기	가	조	보	괴	믈	끈	앗	네	이
장	발	터	계	이	빵	조	표	당	밥	사	짱	가
총	명	화	시	국	뻥	숙	왕	뇌	자	파	미	치
짜	자	쑥	눈	즐	이	훈	따	사	앉	워	치	조
잔	라	랄	미	죤	오	세	쟁	역	않	멈	향	즈

42쪽

하늘과 바다 한가운데 있는 것은?
- 과

숫자 6이 숫자 8을 무서워하는 까닭은?
- 육칠팔이라서(8이 6을 칠까 봐).

아픔의 시작이면서도 병의 끝은?
- ㅇ

별 가운데 가장 슬픈 별은?
- 이별

43쪽

1.① 2.② 3.③
4.① 5.② 6.①

44, 45쪽

48쪽

똑바로 읽으면 무섭고, 거꾸로 읽으면 전혀 무섭지 않은 것은?
– 곰
키울수록 점점 커지지만 물을 주면 바로 죽는 것은?
– 불
단어를 입 밖에 내뱉는 순간 바로 의미가 사라지는 것은?
– 침묵
금요일이 목요일 전에 오는 곳은?
– 사전

51쪽

4번

52쪽

하	장	임	민	흡	무	덤	나	무	오	외	기	오
강	품	병	송	흘	혈	귀	신	악	게	땅	계	일
유	진	강	박	할	헐	귀	났	으	인	이	오	인
령	랑	동	창	귀	롱	총	싱	당	차	리	아	프
오	빠	비	희	팡	프	컹	포	차	빵	차	항	래
앙	이	강	호	프	랑	켄	슈	타	인	지	리	즘
도	무	빵	호	풍	겐	자	송	면	온	끈	박	좀
팡	기	차	외	논	타	랑	빨	장	칙	짓	죤	비
깨	랑	오	이	눈	임	차	랑	짱	폭	말	비	쓰
엠	놀	비	냉	증	박	오	가	인	녹	깡	충	차
까	려	치	차	짜	현	이	구	선	깽	즙	성	강
짜	도	깨	비	낑	쑥	차	거	쯤	늑	대	인	간
기	표	심	보	옹	기	이	쟁	인	오	자	깡	잉

53쪽

3번과 6번

FRANNY K. STEIN, MAD SCIENTIST ACTIVITY BOOK: MUCHO MONSTERS by Jim Benton
Copyright © 2006 by Jim Benton www.frannyfstein.com
All rights reserved.
This Korean edition was published by E*PUBLIC KOREA Co., Ltd(Safari) in 2019 by arrangement with J.K. Benton Design Studio, Inc., through KCC(Korea Copyright Center Inc.), Seoul.

이 책의 한국어판 저작권은 (주)한국저작권센터(KCC)를 통한 저작권자와의 독점 계약으로 (주)이퍼블릭(사파리)에 있습니다. 저작권법에 의해 한국 내에서 보호를 받는 저작물이므로 무단 전재와 복제를 금합니다.

엽기 과학자 프래니 게임북
❸ 괴짜 과학 따라잡기

초판 1쇄 발행일 2008년 10월 1일
개정판 6쇄 발행일 2021년 3월 5일

글·그림 | 짐 벤튼
옮김 | U&J
펴낸이 | 유성권
편집장 | 심윤희
편집 | 송미경, 김세영, 김송이
표지 디자인 | 이수빈
본문 디자인 | design od
마케팅 | 김선우, 김민석, 최성환, 김민지
홍보 | 김애정
관리·제작 | 김성훈, 박혜민, 장재균
펴낸곳 | (주)이퍼블릭
출판등록 | 1970년 7월 28일(제1-170호)
주소 | 서울시 양천구 목동서로 211 범문빌딩
전화 | 02-2651-6121 / 팩스 | 02-2651-6136
홈페이지 | www.safaribook.co.kr
카페 | cafe.naver.com/safaribook
블로그 | blog.naver.com/safaribooks
페이스북 | www.facebook.com/safaribookskr

ISBN 979-11-6057-548-4 | 979-11-6057-552-1 (세트)

* 이 책의 내용 일부 또는 전부를 재사용하려면 반드시 저작권자와 (주)이퍼블릭 양측의 동의를 얻어야 합니다.
* 사파리는 (주)이퍼블릭의 유아·아동·청소년 출판 브랜드입니다.
* 책값은 뒤표지에 있습니다.

KC마크는 이 제품이 공통안전기준에 적합하였음을 의미합니다.
제조자명 : ㈜이퍼블릭(사파리) | 제조국명 : 대한민국 사용 연령 : 8세 이상
종이에 베이거나 모서리에 다치지 않게 주의하세요.